Joue et trouve

℗ Phidal

© Disney Enterprises, Inc.
2006 Produit et publié par les Éditions Phidal inc.
5740, rue Ferrier, Montréal (Québec) Canada H4P 1M7
Tous droits réservés
www.phidal.com
Traduction : Colette Laberge

ISBN 2-7643-0750-0

Imprimé en Chine
10 9 8 7 6 5 4 3 2 1

*Nous reconnaissons l'aide financière du gouvernement du Canada par l'entremise du PADIÉ
pour nos activités d'édition. Phidal bénéficie de l'appui financier de la Société de développement
des entreprises culturelles (SODEC). Gouvernement du Québec – Programme de crédit d'impôt
pour l'édition de livres – Gestion SODEC.*

Il y a 20 différences entre ces deux dessins. Tu les découvriras si tu cherches avec soin!

Regarde le roi Triton avec son équipage !
Cherche aussi un chignon en forme de coquillage.

Il y a 20 différences entre ces deux dessins. Tu les découvriras si tu cherches avec soin !

Sébastien est parti, Andrina l'a suivi, et plusieurs autres choses ont changé par magie !

Il y a 20 différences entre ces deux dessins. Tu les découvriras si tu cherches avec soin!

Est-ce Écoutille qui joue des tours à sa façon ? Ariel et Barboteur se posent la question !

Il y a 20 différences entre ces deux dessins. Tu les découvriras si tu cherches avec soin !

La petite sirène est plus mélancolique, mais ses amis savent qu'elle rêve au prince Éric.

Il y a 20 différences entre ces deux dessins. Tu les découvriras si tu cherches avec soin!

Le prince regarde la statue dans les yeux.
Et l'habit de Grimsby a varié quelque peu.

Il y a 20 différences entre ces deux dessins. Tu les découvriras si tu cherches avec soin !

As-tu vu disparaître des poissons ou des fleurs ?
Trouveras-tu quel lys n'a plus la même couleur ?

Il y a 20 différences entre ces deux dessins.
Tu les découvriras si tu cherches avec soin !

Cette fois, le roi Triton est vraiment fâché !
Sa couronne et son visage en sont tout transformés.

Il y a 20 différences entre ces deux dessins. Tu les découvriras si tu cherches avec soin !

Observe le château, et observe Barboteur !
Vois ce qui est resté, et ce qui a changé de couleur.

Il y a 20 différences entre ces deux dessins.
Tu les découvriras si tu cherches avec soin !

Le verre du prince Éric a-t-il été changé ?
Y a-t-il toujours autant de fruits dans le panier ?

Il y a 20 différences entre ces deux dessins.
Tu les découvriras si tu cherches avec soin !

Avec ses nouvelles pattes, Écoutille est plus grand. Se peut-il qu'il se prenne pour un flamant ?

Il y a 20 différences entre ces deux dessins.
Tu les découvriras si tu cherches avec soin !

Une ficelle s'est brisée, un gant s'est envolé,
Mais Éric est devenu impossible à tromper !